Tiburones toro

Grace Hansen

Abdo
TIBURONES
Kids

abdopublishing.com

Published by Abdo Kids, a division of ABDO, PO Box 398166, Minneapolis, Minnesota 55439.

Printed in the United States of America, North Mankato, Minnesota.

102016

012017

THIS BOOK CONTAINS RECYCLED MATERIALS

Spanish Translator: Maria Puchol

Photo Credits: Alamy, iStock, Seapics.com, Shutterstock, Thinkstock, ©User:timsacton / CC-SA-2.0 p.15

Production Contributors: Teddy Borth, Jennie Forsberg, Grace Hansen

Design Contributors: Laura Mitchell, Dorothy Toth

Publisher's Cataloging-in-Publication Data

Names: Hansen, Grace, author.

Title: Tiburones toro / by Grace Hansen.

Other titles: Sand tiger sharks. Spanish

Description: Minneapolis, MN : Abdo Kids, 2017. | Series: Tiburones | Includes bibliographical references and index.

Identifiers: LCCN 2016947987 | ISBN 9781624027116 (lib. bdg.) | ISBN 9781624029356 (ebook)

Subjects: LCSH: Sand tiger shark--Juvenile literature. | Spanish language materials--Juvenile literature.

Classification: DDC 597.3/3--dc23

LC record available at http://lccn.loc.gov/2016947987

Contenido

Tiburones toro

Los tiburones toro viven en muchos océanos diferentes. Se los puede ver en casi todos lados menos al este del océano Pacífico.

Estos tiburones prefieren las aguas templadas. Pasan la mayoría del tiempo cerca de la orilla.

Casi todo su cuerpo es de color café y gris, con la panza blanca. Tienen manchas en la parte de arriba.

Los tiburones toro son diferentes a los demás tiburones. Su hocico tiene forma de cono. Los dientes sobresalen de la boca.

Estos tiburones dan mucho miedo, aunque no se los conoce por ser **agresivos**.

Los tiburones toro tienen dos grandes **aletas dorsales**. Su **aleta caudal** también es grande.

aletas dorsales
aleta caudal

Alimentación y caza

Estos tiburones a veces cazan en grupo. Casi siempre comen peces pequeños. También comen cangrejos y calamares.

Crías de tiburón toro

Los tiburones toro dan a luz crías vivas. Al principio, las crías son huevos dentro de la madre. Algunos crecen más rápido que otros.

Dos de las crías salen de los huevos antes que el resto y se comen los otros huevos antes de que nazcan. Las crías viven solas desde que nacen.

Más datos

- Los tiburones toro tragan aire y lo guardan en el estómago. Así pueden flotar en el agua sin moverse.

- En inglés se llaman Sand Tiger sharks. Les gusta estar cerca de la orilla y comer, de ahí las palabras 'arena' y 'tigre' en su nombre.

- Son los tiburones que menos crías tienen porque sólo dos sobreviven al nacer.

Glosario

agresivo - que está listo para atacar o es propenso a atacar.

aleta caudal - aleta de la cola de un tiburón.

aleta dorsal - aleta triangular en la espalda de un tiburón.

Índice

abdokids.com

¡Usa este código para entrar en abdokids.com y tener acceso a juegos, arte, videos y mucho más!